Friedrich Ani

Mitschnitt

Gedichte

Paul Zsolnay Verlag

1 2 3 4 5   13 12 11 10 09

ISBN 978-3-552-05451-6
Satz: Eva Kaltenbrunner-Dorfinger, Wien
Druck und Bindung: GGP Media GmbH, Pößneck
Printed in Germany

I

Mein altes Schauen

Kein Tag

Da ist kein Tag, der
nicht dazugehört. Dies
ist dein Tag, und jener
ist es auch.

Da ist kein Tag, der
nur erscheint, nur scheint. Wenn
er beginnt, beginnt er
zum Gebrauch.

Da ist kein Tag, der
dir nicht nützt. Frag nicht, ob
du bereit bist oder
welk vor Schmerz.

Da ist kein Tag, der
dich nicht meint. Er schält sich
aus dem Talg der Nacht, zieht
sternenwärts.

Dort ist dein Tag, der
dich ersehnt. Er fordert,
daß du loderst. Gib ihm
Glut und Sinn.

Da ist der Tag, der
groß für dich vergeht, seit
jeher deiner Schritte
Urbeginn.

Da ist kein Tag, der
nicht zu dir gehört. Ein
jeder ist bestimmt. Wie
ich es bin.

(für I. J.)

Manchmal wegen dir

Ich trug den Abschied wie ein Kind
in mir. In meinem Bauch begannen
Wehen, wenn ich nur an einen Schatten
dachte oder an die Stille eines Schlafs.

Das war zur Zeit, als ich begann,
mir Dinge einzusagen, Dichter
kamen darin vor und hohe Welten.
Und ich hungerte mich kalt und fror für nichts.

Ich inszenierte meine Nacht,
mein Publikum um mich, es rauchte,
trank mit mir und stellte mich nicht bloß. Ich
sang in mich hinein und ging mit einer Frau.

Mit ihr, mit ihr, sogar mit ihr
ins ausweglose Zimmer mit dem
blinden Fenster und dem Bett aus Asche.
Warum bliebt ihr denn, ich war doch längst verbrannt.

Ich trug den Abschied wie ein Kind
den Trotz im Herzen. Zweisein war nur
Spiel, ich spielte nach den Regeln meiner
Angst, die ich seit jeher für ein Erbe hielt.

Das war die Angst, wie sie bei Tisch
in unserm Haus der Brauch war, jeder
teilte sie mit jedem, und ich weinte
nie, ich kostete die Furcht wie eine Frucht.

So saßen wir und keiner tat,
was in ihm schrie und in ihm raste.
Unverlassen wurden alle alt. Sie
lachen oft, wenn sie sich sehn, das macht die Scham.

Ich schaffte Abschied unverschämt.
Nie lang, nie still bewohnte ich die
Nähen derer, die ich mißverführte.
Mondweit fern wär ich geblieben, dir und mir.

Doch du, nach keinem Tag, fragst nichts,
brichst auf ins Dorf und bringst den Ahnen
ihren Abschied wieder. Sie umarmen
ihn, ein jeder nimmt ihn auf an Kindes statt.

So lernte ich das Bleiben und du
bliebst. Manchmal schau ich
taglang aus dem Fenster, manchmal
führe ich ein lohes Leben.

Was der Schatten dazu sagt

Hinter der Tür: Etwas
wie ein umgestürzter Tag,
gefällt vielleicht vom
spitzen Licht, verhindert
heut mein Rausgehn. So
wundert sich mein
Geher sehr und dreht
sich hundertmal im
Kreis und kehrt am
Abend heim, zermürbt
von Staunen. Schlurft
durchs Zimmer, sinkt
aufs Sofa, beugt sich
vor und.

Wer nur Asphalt kennt,
Lieber, ruht auf einem
Kelim wie auf Wolken.

Mein altes Schauen

Mein altes Schauen
ist zurückgekehrt. Mich
mochten keine Fernen mehr, ich
hockte abseits im Geäst.

Ich mochte keine
Nähen mehr. Mein altes
Schauen geisterte – ein Irrlicht –
über Land, durch jedes Nest.

Mein altes Schauen
suchte unsre Straßen
ab, die Strände und die Dünen,
unsre Pfade bis zum Meer.

Mein altes Schauen
schlich sich ein ins Feuer,
das mein Haus war in der Jugend,
Stille – alle Flammen leer.

Mein altes Schauen
alterte allein, es
tauschte Staunen gegen Schatten,
welkes Leuchten gegen Teer.

In diesem letzten
Augenblick erkannten
wir uns wieder. Ich begriff den
Blick und hielt ihn lange fest.

So nahm mein altes
Schauen mich zurück und
schickt seither mein Lodern los, von
Süd nach Nord, von Ost nach West.

(für M. K.)

Aufbruch

Erfand das Gehen
heut und ohne
Umweg kam ich
untern Himmel. Sagt
er: Wo warst du so
lang? Meine
Schritte, sag
ich, gewöhnliche
Lumpen, lagen
herum, während
draußen mein
unbeholfenes Verlangen
tobte, das entwischte
mir oft, früher, als
Gesichter aller
Art vor meinem
Fenster mir das
Bleiben stehlen
wollten. Was du
nicht weißt: Ich
war ein raffinierter
Fernenschieber,
handelte mit
Meergestirn und
Inselzwirn,
Geschmeide,
lidgeschützten
Diademen. Lange
her. Seitdem sind
Wände mein Basar. Wenn
ich am Fenster steh, tag

abwärts, kommen sie aus
Langeweile näher. So
altern wir. Und fand es
heim, mein streunendes
Verlangen, ließ ich
mich, geschminkt mit
feschem Morgenrot, zu
seinen Füßen
nieder, küßte
sie und
schlief
Jahrhunderte
in einer
Nacht.

Jahrhunderte.
Jahrhunderte auf
Stein.

Und plötzlich.
Plötzlich war ich vor
der Tür und anders
wo.

Erfand das Gehen
heut. In einem weißen
Haus erwartet
mich mein Blick und
trägt Ornat, den er von
dir hat, seiner
Schöpferin. Und
samten sagen deine
Schritte: Wo
warst du so

lang? Und
ich: Ich
hatte ein
hinkendes
Herz.

Rilke lesen

Das ist, als wären die Wörter, diese
Körper aus etwas, das wir Buchstaben
nennen, weil wir arm an Wortschätzen
sind und noch ärmer an Stilleerzen –
als wären die Wörter gestimmt wie
Klaviere, und ihr Stimmer einer ganz
aus einer Tonart, die ihm allein
gehört. Im Schreien seiner Mutter wölbte
er zum ersten Mal seinen Atem über
das Geklirr der Welt, und jeder Unklang
drunter widerhallte anders als gewohnt,
die unbewohnten Klänge hatten plötzlich
Mieter: da fanden Fremde zueinander, die
aus verschneiten Mündern kamen, obdachlos
geworden unter ausgehungerten Zungen.

Er trieb die lungernden Zungen von den
Brücken, er spürte jeden Unterschlupf
auf, er duldete das Wegducken
nicht, das müde Zucken beim Tagbeginn. Er
verscheuchte, als wären sie Fliegen,
die Flüche jener, die seit jeher breit
und kalt und halbgesichtig so tun,
als wär ihr Dasein echt. Von allem Falschen
nahm er erst den Trotz, dann das Trotzen aus dem
Stimmenspiel und füllte es mit nichts als
bloßen Silben, deren Silber dem Gestein
des eignen, nie erahnten Grunds entstammt. Da
unten, im aberdunklen Schweigen, ragten die
Wörter hin zu lohem Staunen, Urneues
in eins mit Ewigem. Gott schwieg, während *er* schrieb.

Herbergssuche

Ich suchte ein Zimmer.
Aber nicht nur.
Ich suchte die jubelnde Landschaft
rings um meine Spur.

Ich suchte zwei Zimmer.
Aber nicht nur.
Ich suchte den Klang für das Schlagen
meiner Stundenuhr.

Ich suchte drei Zimmer.
Aber nicht nur.
Ich suchte den Duft nach Gewürzen
oder Holz im Flur.

Ich suchte vier Zimmer.
Aber nicht nur.
Ich suchte das Meer, über das der
Dampfer *Kindheit* fuhr.

Ich suchte fünf Zimmer.
Oder nur eins.
Ich suchte ein Obdach fürs Glück, zu
haben war doch keins.

Ich suche ein Zimmer.
Suche mich alt.
Ich suche zeitab und zeitan. Wir
begegnen uns bald.

Gehen

Sieh auf die,
die jede Nacht
durchwachen. Sie
betten ein schwimmendes
Herz um. Sie betten ein
schwimmendes Herz um.

Sieh auf die,
die anderntags nicht
schlafen. Sie betten
ertrunkene Stimmen
um. Sie betten ertrunkene
Stimmen um.

Sieh auf die,
die Stund um Stunde
bleiben. Sie kleiden die
Zeit neu ein. Sie kleiden
die Zeit neu, nackt
im Zimmer.

Sieh auf die,
die ihre Habe gaben. Sie
gaben ihr Weinen, ihr
Weinen, ihr Weinen. Sie
gaben ihr Wortbrot.

Sieh auf die,
die wir nicht sind, wir
Fernen. Wir kauern am
Zaun, horchen,
rascheln arm wie
altes Laub.

Sieh auf die,
die diese Nacht
begreifen. Sie betten
das unsagbar
Unbegreifliche, sie
betten den Tod um.

Sieh auf die,
die jetzt hier knien, sie
knien in Demut vor
dir, und sie staunen: Du
ließest sie bleiben und
gingst

wie du dein Leben
gingst, mit unvertanen
Schritten, unerhört
bestimmt.

(in memoriam G. T.)

Abend

Und wenn der letzte Tag wird
mit mir Abend machen,
möcht ich deine Augen sehn,
damit sie meine Nacht bewachen.

Ich fürchte mich vor etwas,
das ich doch längst kannte.
Vor dem Schweigen fürcht ich mich,
mit dem ich jeden Abschied bannte.

Da war ein großes Fliehn, ein
loser Blick in meinem
grenzenvollen Lebensland.
Ich blieb und blieb getrost bei keinem.

Du kamst und nahmst mein krummes
Bleiben. Meine Schritte
folgten dir wie eingeschworn.
Mein neues Gehn war nichts als Bitte.

Und immer ging die Zeit mit
uns so wie mit allen,
schlenderte so unbeschwert
wie wir und ließ uns heimlich fallen.

Ich falle jetzt nicht mehr, ich
trauere, ich schaue.
Dieses Trauern hört gleich auf,
denn deine Nähe sagt: Vertraue.

Und wenn der letzte Tag wird
mit mir Abend machen,
leih ich Atem von dir aus
als Nahrung für den Weg nach Haus.

(nach Andreas Gryphius)

Schwalben über der großen Stadt Rom

Sag dem Regen: Schnee
wär auch verkehrt am
siebzehnten Juli. Nimm
dich nicht so wichtig im
Foyer, schau dir die Wände
an, den Teppich, das weiße
Geschirr: Alles erduldet
dich, belesenen, behausten
Mann. Je länger du zauderst,
desto älter wirst du, nicht
schöner, elastischer oder
wasserdichter. Du weinst –
weine! Das eingepferchte
Erbe will nach draußen,
geniere dich nicht falsch.
Und wegen der Schwalben
über der großen Stadt
Rom: Mach dir keine
Sorgen, es sind nicht
dieselben, sie sind für
sich, wie du, wie ich, ein
jeder frei in seinem
Element. Wie der Regen, wie
mein Buch in
deiner Manteltasche.

(nach Marlen Haushofer)

Donna Rosa

In einem weißen Unterhemd,
ärmellos, sehr weiß, sehr
braun, gebräunt die
Arme, steht er, die Hände
in den Hüften, am offenen
Fenster, bleiches Licht im
Hintergrund, draußen
Maigrün. Er gewöhnt sich
ein. Erster Abend hier.
Zweifelt vielleicht, fegt
die Zweifel vom Kopf: Die
Geste fahrig und bestimmt
zugleich. Und lacht. Urplötzlich
da: Ein zweites weißes
Unterhemd. Schmaler
Körper, Student vielleicht,
vielleicht schon angestellt,
vielleicht ganz unauffällig.
Ich aber starre.

Lange klammert sich
mein Blick ans
Grün. Neun Jahre
bewirtete an diesem
Fenster Donna Rosa
Amseln. Tauben
verscheuchte sie
vom Tresensims mit
einem Besenstiel,
mit einer wüsten
Geste hinter der

Gardine. Die Gardine
hängt nicht mehr. Der
Besen scheucht kein
Laub mehr weg im
Sturm. Die Gebieterin
des Bürgersteigs –
rosafarbner Rucksack,
unzerfetztes Schuhwerk –
und ihr stürmischer
Juan: Sie ließ ihn
gewähren, und er – er
warf sich ihr zu Füßen,
sie verschmähte ihn zu
keiner Jahreszeit.

Mit dem Rücken zur
Dämmerung lehnen sie
jetzt, weiß und aufrecht,
der eine lässt einen
Schlüssel kreisen am
Finger. Und sie warten. Auf
einen Dritten vielleicht, der
Pizza bringt nach all
der Plackerei. Auf die
Nacht natürlich warten
sie, auf den ersten
Schlaf der eine
hier. Der legt die
Hand hinter sich,
aufs hemdweiß
gestrichene Holz.

Einmal noch
schaun: Eine
Amsel heimlich
im Geäst. Sie
plustert sich
sanglos.

Jahr um Jahr

Immer noch erinnere ich mich an
den vierundzwanzigsten Dezember, als
mein Großvater beerdigt wurde und die
Sonne schien und der Himmel blau
war wie extra geschliffen. Jedes
Jahr erinnere ich mich, auch an
den zweiundzwanzigsten Dezember, den
Tag, an dem er starb und ich im
Zimmer saß, allein, und die anderen
drüben beim Traurigsein in der
Runde, und ich für mich, und ich
für mich. Daran erinnere ich mich
heute und immer, wenn ich schreibe, und
immer, wenn ich für mich im Zimmer
bin. Später essen wir dann alle
gemeinsam, die anderen und ich. So
ist das, Jahr um Jahr.

In der Klause

Bin hier größer als ichs draußen bin.
Hab Meter um mich, länger, weiter.
Lauf zum Fenster, heb mein Kinn,
brauch zum Fernsehn keine Leiter.

Wenn es still ist, ist es mehr als still.
Mein Atem spricht in welken Silben,
ohne Licht und Chlorophyll,
lassen mein Gebiß vergilben.

Bin hier älter als ichs wirklich bin.
In Wahrheit altert nur mein Rücken.
Streck mich, zeig mich ohne Sinn.
Kann mich nicht nach Schatten bücken.

Dieses Zimmer ist mein Lebensloch.
Hab Bücher um mich und Studenten,
die erwarten, daß ich koch:
Hühnerbraten, magre Enten.

Magre Enten gibt es nicht, ich laß
uns Suppe bringen. Oder Brötchen,
werf die runter, rufe: Faß!
Alle schlagen mit den Pfötchen.

Hungern muß hier niemand, auch nicht friern.
Gebete? Selten. Aus der Mode.
Niemand braucht sich zu genieren.
Vorrat reicht für neunzig Tode.

So vergehn die Jahre, gehn im Kreis.
Wollt etwas werden, etwas – was nur?
Weiß genau, daß ich was weiß.
Jemand stiehlt mir meine Spur.

In den Idyllen

Wo die Idyllen sind,
da lebte ich lang, da lebte ich kurz,
das war wie ein Fallen, ein Sturz,
und ich in allem ein Kind.

Wo die Idyllen sind,
da wurde ich jung, da wurde ich alt,
ich lernte zu schnell die Gewalt
und starb in eisigem Wind.

Wo die Idyllen sind,
erfrier ich noch heut, verbrenn ich bis jetzt,
mein Haus ist für ewig besetzt
vom Herrn und seinem Gesind.

Wo die Idyllen sind,
da wohnte ich nicht, da tat ich nur so,
ich wurde geboren und floh,
ein Greis, ein Fremder, ein Kind.

Kleines Buch

Ich schrieb ein kleines Buch
in der Hardenbergstraße
für die Frau, die ich liebe.

Ich fror ein wenig, ich hatte
getrunken, Bier, Gin-Tonic und
etwas, das schmeckte wie
Schumanns Rache an
Starnberger Mäusemelkern.

Ich schrieb ein kleines Buch
weitab der kleinen
Stadt im Süden. Ich
wartete auf jedes Wort wie
auf einen Gast oder
keinen. Mein
Tisch war gedeckt mit
allerlei Schönem.

In einem staubigen Hotel in
der Hardenbergstraße
nüchterte ich aus und
nüchterte mich
hinein in ein Buch, ein
kleines Buch zum
stillen
Verzehr.

Im Hinterhof hörte ich
Stimmen, die klangen wie
maskiert. Halloween in
der Hardenbergstraße. Doch
der einunddreißigste
Oktober war
gestern.

Ich schrieb ein kleines Buch
an Allerheiligen. Niemand
hier gedachte der
Toten, nicht einmal
ich, ich trug den Ring der
Unsterblichkeit meiner
Liebe.

Ich schrieb ein kleines Buch,
weil niemand mich
dafür bezahlte, Jahre
hätte ich schreiben
können, ewig. Am
Ende des Nachmittags
kam der letzte Satz zu
Besuch, ich bat ihn
herein, er fügte sich
ein und beschloß das

kleine Buch, das ich
schrieb in der
Hardenbergstraße
für die Frau, die ich
liebe stadtnah
und
stadtfern.

Ereignisse

Ein Mantel, der in
falschem Rot
weht. Auf der
Straße kichern
Schuhe.

Vergessnes Lächeln an
der Wand. Ob der
Mund im Schlaf sich
vor den Kopf
schlägt: Mein
Hut! Womit
bedeck ich mich am
Morgen im
Gewühl?

Gestern ging ich alle
Stunden abwärts, schlief
nicht unterwegs und
glich mein Murmeln dem
Gebell nicht
an.

Wars so? Oder
stimmt das
Hörensagen
nie?

Am Tisch die
Wörter raunen
sich die Lungen
wund: Kommt
ein Meister, naht
ein Stift? Ein

Mantel weht im
falschen Rot.
Schritte
folgen blind den
Schuhen.

Niedriges Licht

Vier auf der Terrasse, zwei
Frauen, ein Mann und
einer. Kaum zu sagen, ob der
ich war oder: ich minus
eins. Wir – immerhin: wir,
nicht: drei plus eins –
tranken Bier und noch
eins und die eine Frau trank
keines mehr. Ihr Blick
voll niedrigem Licht. Das
war, was der andre Mann
sagte: Das Licht ist jetzt
niedrig. Ich – der eine –
wollte sofort das niedrige
Licht sein und sich
tummeln im Schauen
der Frau. Zwei Feinde
verstellten mir die
Sicht. Zur Strafe sickerte
ein Schatten nach
dem andern in Beton.
Bloß ihrer blieb und
hakte sich unter bei
ihr. Und im Gasthaus
hernach benötigten wir
einen fünften Stuhl, ein
spezielles Gedeck. Von
diesem Abend zehren
wir im Dunkeln.

Häftling

Als würde einer
gehen und
verschwinden
wollen im
Gehen, auf die
offne Nacht zu
treiben, nackt mit
strömenden
Augen.

Als würde einer
von Schritten
verschlungen
oder einem
Schweigen.

So wollte
er weg
sein unter
uns.

Als könnte er
einziger sein als
jeder, suchte
er Unterschlupf vor
dem Atem von
allen. Doch er
hörte nicht
auf sich zu
sehen, und es
war als

hätte die Sonne den
Regen tätowiert, als
würden die Tropfen noch
schreien vor
Stichen.

(für W. P.)

II

Stadt der somnambulen Hunde

Jandlei

Ina
Ani.
Außer,

wenn ich
dich von
hinten

seh. Dann
umge
kehrt. So

lang du
dich nicht
umdrehst

und mich
auf den
Rücken

wirfst. Du bist
dann wieder
Ina, vom

Nacken
zu den
Backen. Am

Ende sind
wir nicht
zu unter

scheiden.
INANI hallt
es von den

Wänden.
ANINA hallt
es aus den

Lenden.
INANI.
ANINA.

Du bist
ich und
ich

bin
du und
alle

Nachbarn
hören
zu.

Bei Ankunft Würstel

Was ist ologisch an
einem Zoo? Darüber

denke ich jedesmal zwei
Langewiener lang

nach. Tunke dann mein
letztes Langewiener – Einzahl,

Mehrzahl, ologisch, heißen
gleich – in den letzten

Senf und hör die
Stimme des Zug

ansagers durch die
Halle schallen: Zoo

ologischer Garten. Oh,
denk ich wie jedesmal,

so ologisch ist sonst keine
Hauptstadt in der Welt.

Herbst im Norden

In der Innenstadt von
Oldenburg lösen sich um
acht Uhr abends die
Bürgersteige auf in
Luft. Ratlos stehen fremde
Schritte auf den
Fußabstreifern in
Hotels. Im *Intimchen* sitzt
ein Apotheker fest bis
morgen früh. Wer jetzt
noch aus dem Haus
muß, läßt es bleiben,
wird weinen, fernsehn, wirre
Emails schreiben und
wird in seinen Träumen
endlos fluchen und sich
am nächsten Tag
ein Apartment in
Neumünster suchen.

So bin ich groß geworden/
von Wondratschek/revisited

Woraus ist was, aus
wem ist was geworden? Ich
meine dich und mich, wie
wir hier posenfertig stehn und
aufgeblendet schweigen.

Die wir mit Ausnahme von
Dylan, Hölderlin, Rimbaud
und, die Gerissnen unter
uns, die arme Sylvia plus
ihrem Ofentod, niemand
sonst für göttlich hielten vor
dem Fick. Doch vor dem
Fick ist nach
dem Fick, das
ist ein kosmisches
Gesetz, das wir zu
oft vergaßen.

Was ist aus uns
geworden? Dichter
womöglich? Buch
stabenverwalter? Prosa
kellner? Quo
tenviehzeug? Wer
sind wir heut? Wer
bist du hier? Erinnert
sich der Wirt an

unsre Riten, unsre
Ritas? Ich trink wie
damals und es
schmeckt nicht.

Ha
bdi
chso
for
ter
kan
ntg
eht
sgu
t
mi
rau
ch.

Der Schauspieler

Und jedesmal trank
er von neuem. Die
Frauen am
Tisch, vor allem
die eine mit
dem schlitzenden
Blick, hörten
ihm scheinohrig
zu, er durchschaute
ihre trübe
Geduld und
vollendete sein
Fragment wie ein
Meister im
Scheitern und
ging.

Er wußte, die
Erde ist rund
und sie dreht
sich auch
nachts, und
der Tisch mit
den Frauen
wär, kosmisch
galant, bald
wieder
da.

Container

Vierzehn lebende Container
trafen sich zum Abendessen.
Einer platzte vor Vergnügen,
da war er schon vergessen.

Dreizehn lebende Container
lachten stundenlang im Eck.
Einer schnappte zuviel Luft,
da flog er sehr weit weg.

Zwölf lebende Container
tranken Blech und aßen Schrott.
Einer auch ein Kreuz mit Jesus,
da kam der Liebe Gott.

Elf lebende Container
spielten mit Erinnerungen.
Einer nahm die Kindheit ernst,
da platzten ihm die Lungen.

Zehn lebende Container
wurden plötzlich weinerlich.
Einer weinte sich kaputt,
da schämte keiner sich.

Neun lebende Container
köpften eine neue Flasche.
Einer blieb beim Spiritus,
der brannte ihn zu Asche.

Acht lebende Container
dachten an den nächsten Gang.
Einer an den übernächsten,
der starb am Überschwang.

Sieben lebende Container
spürten einen kalten Hauch.
Einer wurde hingeopfert,
so ist seit je der Brauch.

Sechs lebende Container
sangen sich die Stimmen wund.
Einem schwoll die Halsschlagader,
den fraß sein eigner Mund.

Fünf lebende Container
hatten noch viel vor im Leben.
Einer wollte hundert werden,
der lag total daneben.

Vier lebende Container
freuten sich aufs Speiseeis.
Einer schwitzte schon seit Stunden,
der sank im eignen Schweiß.

Drei lebende Container
schworen, ewig drei zu bleiben.
Einer haßte Schwurgerichte,
der schnitt sich selbst in Scheiben.

Zwei lebende Container
wollten längst nach Hause fahren.
Einer hatte kein Zuhause,
den fand ein Hund nach Jahren.

Einer lebt noch, ein Container,
eingerostet Stück für Stück.
Macht nichts, Hauptsach, es kommt Nachschub.
Das ist Containerglück.

Gegenwehr

Genuß. Und ich zerfurcht. Und
nachts viel los. Geerbt hab ich

sogar die Alptraumsach. Was
ich da seh, das sahen schon

die Väter, Mütter, andere
Konsorten, sehens immer

noch und stottern,
abgealtert. Nicht so ich, ich

brüll, ich kann sonst
nichts, wenns dunkel

wird, und schlag mit
Pratzen um mich. Und

ich hör nicht auf, bevor die
Mörgenröt mich tröst.

Stadt der somnambulen Hunde

Es sind dieselben geilen Kräne, die
meinen Himmel nageln, seit dreißig
Jahren schwängern sie die Stadt mit
Bastarden, mit schwerbehinderten
Erzeugern neuer Mißgeburten dies
seits des Flusses, jenseits des
Flusses, wo immer Löcher
warten aufs Zementgemächt.

Wer hier überlebt, war
vorher schon
unsterblich.

In der Ainmillerstraße – die Älteren
in mir erinnern sich vielleicht – erröteten
die Brüste einer Frau, während Johnny
Rotten, wie ich ihn nannte, als wär
ich noch fünfzehn, Feuer spie in
seiner Höhle. Mein Reißverschluß
grinste mich an. Die Brüste sogen
meine Blicke ein, und ich zerfiel
zu Asche, als Johnny ohne Warnung
schoß.

Die Frau kam nicht wieder, sie
tauchte in keinem Gedicht
auf, bis heut.

Grappas im Adria, erst später hießen
sie Grappe, als entschlossne Frauen mich
toskanisch schauen lehrten, wozu? Wir
fuhren über Hügel, ich würdigte
Ruinen. Und nie und nie und nie war
ich für mich am Meer. Wir ragten in
den Abend Hand in Hand, und meine Hand
erfror im Iglu ihrer Finger, und ich
dachte ans Meer und ans Meer und ans
Meer. Und wir fuhren zurück über
Hügel, vorüber an sandfarbnen
Häusern, im Radio überschlugen sich
Stimmen, und ich wollte versinken im
kakophonischen Strudel. Aber sie füllte
das Auto mit Schweigen bis über den
Brenner, den Mittleren Ring, vor das
Haus in der Raintaler Straße, wo wir
ebenerdig unsre Liebe züchteten, zwei
unbeholfne Gärtner, so früh schon von
der Sonne verstoßen.

Wir harrten in wandnahen
Zimmern aus. Und als
wir beinahe alt waren, kehrten
wir das Laub unsrer
Liebe zusammen und standen
lange davor und weinten. Und
weinten und weinten, und es
schneite in uns, es schneite
acht Jahr lang und manchmal
noch heut.

Ich sah sie im
Winter, sie kniete
im Park, behutsam
nähte sie Stiche in
kostbaren Schnee. Sie

schneidert, sagte
sie, Gewänder für die
toten Seelen.

Ihr müßt sie
trösten, ihr müßt
sie alle trösten
in der Stadt.

Und ich mietete ein Zimmer in
der Kreiller Straße und zog
nie ein. In der Nähe des
Luitpoldparks hauste ich zum
Hinterhof fünf Monate und
niemand, der mich entdeckte, kein
Mann, kein Mensch, kein Hund.

Autos fuhren die Wände
hoch, parkten an der
Decke, wo illegal
Mikroben zelten.

Trunksucht. Und ein
Haufen Haß. Ich war leicht
gläubig von Natur aus, und
das hat man ausgelacht. Mir
ist versprochen worden und
versprochen. Und das Warten war
ein Pfad mit rechts und
links Vergißmeinnicht. Und
als ich ankam, fraß die
Lüge mich wie einen
Wurm.

Ich zeltete da oben mit
Mikroben, und der Herrgott lieh
uns seinen Winkel. Flog
derweil durchs Treppenhaus. Dann
hielt ein jeder seine Zung im
Zaum, einem klebte sie am
Gaum, der röchelte nicht
lang. Ersticken geht sehr
schnell, wenn ein Profi Hand
anlegt. Der kam dann heim, ich
gab ihm seinen Winkel
wieder, die Mikroben hat er
weggeputzt zum
Abendmahl.

Ich wurde untersucht. Belege
auf der Netzhaut: zuviel
geschaut zur falschen
Zeit ins falsche Land. Ob
ich was sagen möcht. Ja, das:

Auf der Zunge, auf der
Zunge hockt ein gelber
Frosch, der scheißt mir in
die Lunge. Auf der Zunge, auf
der Zunge liegt mir was, das
sag ich nicht, ich halt die
Gosch.

Wirklich?

Gibts das
Paradies, Herr
Doktor, oder
bloß ein Sanatorium? Beeren
kleben mir im Mund wie
Schläuche, die machen
süße Bäuche. Und in
meinem Rachen hängt ein
Lachen wie in einem
Vogelhaus, das will da
raus.

Wer hier überlebt, war
vorher schon
unsterblich.

Seltne Vögel spielen auf den Dächern
Schach. Herr Schilling sagt: Das
sind Gespinste. Ich sag: Nein, ich
bin doch selbst der Turm und
hab rochiert und stehe klug
und aufrecht, königsnah.

Sei auf der Hut, sonst
schaffen sie den Tag ab,
sagen: Das sind Gespinste, der
Himmel ist geteert, da
rollen Wagen, rollen nordwärts, sonst
wohin. Sei auf der Hut, sie
reden dir das schwerelose
Schwimmen der Trottellummen
aus.

Herr Schilling sagt, ich bin ein
Trottellumm. Und wiederholt, weil
er das Wort so überragend fand: Du
bist ein Trottellumm. Und reißt
den Mund auf, daß er automatisch
lacht. Das sind Gespinste, sag
ich, mach sein Lachen nach, das
habe ich studiert im
Schlaf. Kein Kunststück, wenn man
Proband war für
verschnarchtes Leben.

Jetzt bedrohe ich die
Dame. Jetzt schlägt sie
mich, ich stürz vom
Sims und darf erst morgen
wieder spielen. So schnell ist
alles aus. Das sind
Gespinste, sagt Herr Schilling. Manchmal
möcht ich ihn ermorden. Erst

läßt er mich ins Freie. Dann
muß ich alten Atem
schlucken und meinen Schatten
putzen, obgleich seit Tagen nicht
die Sonne scheint.

Vergib, oh Herr, den
Aufsehern nicht.

Vergib, oh Herr, nur
uns allein.

Ich wurde am Gedächtnis
operiert, Scherben waren
in meinem Kopf, die
spiegelten die üblichen
Verbrechen. Ich kann den
Schädldeckl öffnen: Darf
ich Ihnen August anbieten,
Gezwitscher dazu, oder
Januar mit Eisengeschmack?

Ich mach den Deckl wieder
zu. Und stell mir vor: Ein

Laut ernährt mich
gut. Freundchen Felsen zehrt
davon, und sie, und du, und
ich, vielleicht: von einem
Zorn erlöst, der wie ein Dorn
war in der Haut der
Jahre.

Unmut – lauter! verwandle
ich in Mut, und wenn du hell
genug dich mühst, stimmst
du mit dir über
ein.

In einem Königreich aus
Luft wärst du
Narziß, der bettelt um
die Schönheit, die er
selber ist.

Echo würd ich
werden und zugleich
dein Schrei. Vorm
Tod heb ich die Hand: So
unverhofft geborgen
sein, war mir in
keinem Schlaf
vergönnt.

Manchmal führte die
Straße des Heiligen
Martin zum Strand.

Hat ein Sandkorn, eines
ganz unten, ganz
hinten zur Düne
hin, jemals das
Meer begehrt? Oder
vermißt? Eines
ist doch immer

anders, lechzt nach dem
salzigen Himmel, eines,
im Innern gekrönt von
Erinnern: an die rauschenden
Feste der Zeitlosigkeit, ans
Begehren der Erde, geboren
zu werden, an die atemlose
Anwesenheit Gottes.

Und ich erwachte in
der Stadt der somnambulen
Hunde.

Da waren sie, Hintern an
Hintern vereint, obdachlos vor
Glück, nachtpralle Wesen an
Tischen voller Meisterwerke,
hingeworfen mit unsichtbarer
Tinte, sie strotzten vor
Ozeanen an der
Isar, wo sie aus Frauen
Himmel machten und aus
ihren Schwänzen Kräne. Ihre
Hunde bellten den Mond
an, doch der Mond hörte
nicht zu, er existierte
nicht mehr, die Hunde
heulten das Flutlicht der
Hölle an.

In der Stadt der somnambulen
Hunde ging ich die Türkenstraße auf
und ab, kaufte Bücher und trank
sie alle aus im Gasthaus Zum
Böhmen, dort lungerten viele und
tranken Bücher. Wenn ich unachtsam
war, rückten sie näher und erfanden
ihre Kindheit neu oder brunzten
mich mit ihren Stimmen
an. Und draußen dann, morgens,
gegen drei, am Habsburger
Platz, stank ich nach Gehirnurin
oder den limbischen Exkrementen von
Schönheitschirurgen in spe. Ich
zog mich aus bis aufs
Gebein. Großes
Staunen.

Wem scheint die Sonne? Mir.
Mir schält sie einen Schatten von
der Haut, ich bin das nämlich
hier. Ich war schon hier, da habt
ihr noch getrommelt gegen Mamas
Zuckerkuchen. Als ihr Husten
hattet und ihn Dichtung
nanntet – dämmerts? Der gesunde
Hund vor eurer Tür, ich war
das und wars für Jahre. Hersehen!

Zwei Beine, Kran dazwischen, Naht
am Hinterkopf, ich hab mich
aufgekratzt und in meiner Wunden
Mus gerührt mit ungeschnittnen
Fingernägeln. Ich seh euch die
Erkältung an, ihr tragt sie im
Gesicht wie seinerzeit beim
Böhmen. Derselbe Rotz. Blast
euch in die Ritzen, blast!
So bleibt ihr jung und
seht mich nicht. Wenn ich
in den Spiegel schau:
                    WAU.

Aber bin kein Hund, keine
Katze, nichtmal ein Elch. Ich
gehe. Ich ging. Ich gehe bis
heut und frag nach dem
Weg, und niemand hat ihn
gesehn. Leg mein Ohr auf
den Asphalt und hör ein
Hinken, ein Keuchen. Das
sind die Jahre, die mir
folgen, einbeinig manche, auf
Krücken, andere auf Stelzen, wieder
andere auf Knien und einige
auf Zehenspitzen. Sie haben es
eilig, sie erwischen mich
nicht, so oft ich auch stehen
bleib, wie
                    JETZT.

Da draußen geht der Tag, streut
letzte Stündchen mit
lässiger Gebärde.

Ich fuhr mein Herz zu Schrott
in dieser Stadt.
Der Himmel kotzte Sonne ohne Ende.
Ich fuhr mein Herz zu Schrott
in dieser Stadt.

Ich fuhr mein Herz zu Schrott
in dieser Stadt.
Die Stadt war grad im Rausch, grad wie das Flüsslein.
Ich fuhr mein Herz zu Schrott
in dieser Stadt.

Ich fuhr mein Herz zu Schrott
in dieser Stadt.
Zu träg die Welt, gelähmt die Welt, für Beifall.
Ich fuhr mein Herz zu Schrott
in dieser Stadt.

Und Muttern fuchtelte mit ihrer Fistelstimme
durch die Gegend. Durch die Gegend
spritzt Geschrei, und wo ein
Schwimmbad war, war jetzt ein Blutbad.
War ein Blutbad, Blutbad, Blutbad.

Und Doktor Doktormed betastet meine Schläfen.
Mordsviel Schlaf da. Mordsviel Schlaf auch
weiter unten, wo das
Mannstum war, das Mannstum.
Ganz kaputt, kaputt, der Kran da.

Und Leute stehn in Schweiß geschweißt,
                    genüßlich aufrecht.
Das war gut so. Gut war auch, daß,
als der Pfarrer kam, in
Schwarz und frisch wie frisch vom Vögeln,
meine Seele schneller war. Ha.

Ich fuhr mein Herz zu Schrott
in dieser Stadt.
Ist ewig her und ewig dauert ewig.
Ich fuhr mein Herz zu Schrott
in dieser Stadt.

Ich fuhr mein Herz zu Schrott
in dieser Stadt.
Heut geh ich in den Keller, wenn es nah wird.
Ich fuhr mein Herz zu Schrott
in dieser Stadt.

Eingenäht in falsche
Haut, halten sie die
Hand auf. Aber

Trostbrot gibts keins
mehr. So käuen sie ihren
Hunger wieder.

Und ich? Und ich seit
je hier unterwegs? So

lang ich schreibe, Rindgesichter,
Knochenficker, Spinnenzeuger, so

lang ich schreibe, Nischenwinsler,
Hundefuttervorverdauer, so

lang ich schreibe, Stadt, so
lange brennt der Himmel –
von Giesing bis ins
gottverlassne Schwabing.

III

Nach dem Streit

Gewisse Zuversicht

An manchen Tagen bin ich
mittags rum so müd, daß
ich verrecken könnt. Das
tu ich dann an manchen Tagen
auch. Und aufersteh am
Nachmittag und streck mich
in die Nacht. Am Morgen
drauf sitz ich am Tisch
und. Heute, glaub ich,
schaff ichs todlos.

Erledigungen

Sie befehlen dir mit
geschliffnen Organen, nein:
Sie befehlen dir nicht, sie
sagen: Laß das, das ist
krank und Krieg.

Wie du nickst. Sie nicken
mit, gehen kopferhoben
aus dem Raum zum Wein, der steht,
dekantiert nach Maß, fast
schwarz im Licht.

In der Ferne töten
ein Jan, eine Sigrid, nein:
Major L. macht tot, Jan und
Sigrid sterben bloß. Und
du knallst ab:

Erst die Zicke Nina,
dann Carsten, den Prahler, und
die Kojoten am Wegrand.
Hunger! rufst du, springst vom
Stuhl und singst.

Hausaufgaben fertig?
Sie schaun dich an, schauen schwer.
Sie betrachten ihr Kind, sie
sagen: Morgen mußt du
zum Friseur.

Schwere Männer

Schwere Männer im
Krieg. Sie erkennen den
Tod und begreifen: Er
will nichts von ihnen, er
braucht nur das Spiel.

Schwere Männer im
Bett. Sie belagern die
Nacht, ihre Frauen sind
draußen und warten auf
irgendein Wort.

Schwere Männer und
keiner, der spricht. Es gibt
Fotos von Männern, die
singen und sterben im
selben Moment.

Schwere Männer am
Ende der Mole. Sie
heulen, wie Hunde, das
Meer an, sie weinen und
nennen es Glück.

Ohne Ton

Verkehrtes Gesicht,
verkehrtes Geschick.

Augen wälzen Blick
für Blick zum Lid, er
hält nicht, fällt.

Hautloch, älter
als die Zeit, darin
die alte Otter,
eingeschneit.

Der Tag: im
Voraus aus.

Ohne Ton geht
dieser Mann zu
Bruch.

Letzte Dinge

Erwachte mit
gegerbter Haut. Mein
Kopf ist
ausgestopft. Irgend
jemand ruft hier
an. Draußen steht ein
Zinksarg.

Haikus in Triest

Benebelt der Tag.
Zuviele Schatten. Er kippt
über die Mole.

Listig die Via
Roma. Huscht zwischen Mopeds
dir vor die Füße.

Verstummt das Meer. Der
Wind, sein Souffleur, schäkert im
Karst mit Libellen.

Dämlich die Taube.
Hockt und glotzt. Und wir füttern
die Luft mit Blicken.

Zukunftsmusik

Abgemacht: an einem Tag im
Juli wach ich auf und
seh das unversehrte
Papier, und meine
Hand. Sie führt mich
schnurstracks zum
Orchester: Da steh
ich in der Tür, an
einem Tag im Juli,
lausche, nein: Ist
kein Lauschen, bin
es selbst. Und auch
der Sang bin ich. Und
die Geduld, die
Unversehrtheit inmitten
tönender Wunden. Und
entkleidet bin ich, los
die Furcht, das Ungetüm
von Zauder und den
Schlafzaum. Endlich
auf. Unendlich leicht.

Unterwegs

Weiße Pferde an der
Tränke, drei,
ungeschminkte, nackte
Grazien, fernab der Hast
des Zuges, in dem wir,
eingepfercht, den
Vormittag erhitzen, durstig,
grimmig, krumm, umhüllt
von falscher Haut, Nylon,
Wolle schichtenweis. Pünktlich
elf nach zehn in Günzburg.
Autos, prall geparkt, eine
Lagerhalle, fette Mauer
aus Beton. Weiter streng
nach Plan. Gediegen bringt der
Kellner Wasser: Heißes
heute nicht: die Technik

Im Nebel

Vor dem Anpfiff winkt er
noch schnell am
Drahtzaun dem Zug.
Die Spieler, höchstens acht
wie er, rufen ihren
Torwart her. Er
steht ganz still und winkt.
Seine Blicke sind wie
Flutlicht an diesem
abgetauchten Tag.

Erkenntnis

Wir sind gefangen. Haben aber
lebenslänglich Ausgang. Die
Geschichte meiner Zunge fing
mit einem wunden Lächeln
an. Vor einer Mauer wurden
meine Blicke welk. Doch
wintersüber wuchsen
sie von neuem.

Eisreis streut die Nacht. Böser
Hagel rottet meinen Schritt
aus, meinen Schritt, mit
dem bewiesen worden
wär, daß ich einst im
Kommen war.

Lautlos huschen
wir, wie Fliegen aus
der Faust, ins
Freie. Alt und
taglos kehren
wir zurück.

Luftschlangen

Sieben Uhr früh am ersten
Tag des Jahres, und die Dinge
der Nacht wie vor Urzeiten
vorbei. Unsichtbare Stadt unterm
neunzehnten Stock. Das Zimmer
atmet leise, unversehrt von
allen bösen Geistern. Liegengebliebene
Luftschlangen sind wir, jemand,
vielleicht, begnügte sich mit uns,
jemand beachtete uns ein Leben
lang nicht, Kinder, vielleicht, krönten
sich mit uns zu Königen. Nie
werden wir dies alles wissen.

Vorwinter

In diesen Versen fällt
seit jeher Schnee. Es
schneit aus allen
Worten.

Ich sehe dich nicht.

Ich vergaß, daß
Verse Jahreszeiten
sind. Sie kommen
ohne mich
zeitlebens
aus.

Das Korn vom
letzten schweren
Sommer – wenn es
erfriert, dann

gnade mir.

Das Gesicht

Mit seinen dunklen
Augen sieht das
Gesicht sich
an.

Die Lache,
übernacht,
verläßt den
Blick.

Am Morgen im
Teer erkennt es
sich nicht
wieder.

Und wartet
auf sich.

Sprich

Jedes Wort
existiert.

Es bezeugt, überlebt
oder stirbt. Seinen
Schöpfer, dich,
lehrt es das
Sprechen.

Deine Stimme ist
das Gedächtnis des
Schmerzes.

Genesis

Heut erfind ich:
mich. Dann:
Atem, aus dem
ich, hungrig,
meine Stimme
schäl. So

genährt,
erfind ich
seltne Schatten in
der Stadt und
laß dafür die
Menschen
weg.

Rückkehr

Zwischen den Gleisen ein
Gartenzwerg
quer. Gänse im
Gehege gegenüber.
Ohne
Verspätung der
Zug. Das Meer nahm
die Zeit von
uns. Sie flutet
unsre Zimmer
schon.

An einem Nachmittag

Vor der blinden
Wand ein gelber
Handschuh, tastet
im Wind nach den
Tauben, füttert
seinen Flug mit
Gefieder. Er
mästet sein
Winken für
uns.

Glück

Du weißt ja, ich wohne in
dir, meine Einsamkeit schleicht
wie eine Katze durch alle
deine Zimmer, und wenn sie
schlafen will, schmiegt sie sich
an dein Herz, wo es warm
ist, ja, und da
wohnen wir, meine
Einsamkeit und ich, und
wir haben endlich ein
Haus und
endlich
sind wir
zuhaus.

Vom Vermissen

Wissen, du bist
nah, heißt nicht:
nicht vermissen.
Du bist mir näher
als ein Wort. Und
in mir blind kein
Ort, der dich nie
sah. Und doch: in
einer Kammer
ist ein Blick, der
dich unendlich
nah vermißt.

Dieses Bleiben

Mein Bleiben ist mehr als ein Da-Sein,
als behagliche Zeitlosigkeit, als Losigkeit
von den Dingen, die mich zwangen, sie zu taufen.

Mein Bleiben ist mehr als die Dauer
einer Ankunft, als Ankommen, Schaun, als Anwesenheit
in der Halle deiner Nähe, mehr als Nähe.

Mein Bleiben ist Nicht-mehr-Vermissen
und Vermissen vom Anbeginn des Augenblicks. Es
gleicht der todlosen Auferstehung von Wellen.

Mein Bleiben ist mehr als ein Da-Sein.
Es erschuf sich selbst, unergründlich, ein Ozean
aus Verlangen. Dieses Bleiben will ich bleiben.

Die Liebe

Das Echo eines
ungeschriebenen Gedichts
irrt auf der Suche nach
dem Mundhaus durch
den Tag. Es weiß
nicht, daß ich aus
dem Hallen deiner
Schritte meine Stimme
schmiede, mit der ich
lobe: Stunden,
Blätter, deine
Wiederkehr.

Eifersüchtig
schnitzt das
unerhörte Echo
später
in unser schönes
Schweigen einen
zotteligen
Husten.

Ganz einfach

Du bist mein Ich.
Bloß hundertmal lichter.
Und wenn du mich meinst,
bin ich hundertmal ichter.
Und wenn du mal weinst,
schenk ich dir eins
meiner neuen Gesichter.

Nach dem Streit

Keine Blüte
fällt.

Manchmal
ahnt man einen
Atem.

Unsre Stimmen,
Meister
ihres Handwerks,
schmieden dieses
Schweigen. Wir
nehmens, danken
und sind
überreich,
sind sehr
versöhnt.

IV

Zwölf Tage im Dezember

Heute

I
Heute, im
Flockengetümmel,
suchte eine Krähe in
mir Zuflucht. Als du
zurückkamst, schickte ich
sie weg. Sie hinterließ
mir eine Feder. Diese
Feder hisse ich
seither zu
Ehren
deiner
Ferne. Auch weine
ich weniger in ihrem
Schutz.

II
Heute lebe
ich den ganzen Tag schon
ziemlich gut. Vorhin
fing mein bloßer
Blick ein
Ahornblatt. Ich hatte
ihn nach
dir
geschickt. Aber er
tänzelte ewig im
Übermut. Ich
dachte: Ein Kind, ich
darf ihn nicht
gängeln.

III
Heute bleib
ich besser
allein.
Das
sag ich
nur so. Damit
du nicht
merkst, wie ich
sterbe. Ich sterbe
ja nicht, ich
leb nur
mit zerknülltem
Atem. Besser
wär, du
kämst und
strichest
meinen Atem
glatt. Noch besser
wär, du
gingst nie
mehr.

IV
Heute fragte
mich die
Tür:
Wohin? Und
ich: Zum
Glück. Sie
ließ mich
durch und

kicherte. Ich trat
vors Haus – da
war es schon:
Wohin?
Und ich: Zu
dir. Es umarmte
mich wie einen Jahrhunderte
Vermißten. Ich
sagte: Heirate
mich. Und das Glück, blöde
Tür,
sagte:
Ja.

Natalia Katharina

Natalia Katharina schläft
mit hergelaufnen Herren, sie
ist, sagt Ramon, der Portier,
eine russische Hure, wie so
viele heut. Er lügt. Ich
kenne sie besser, sie ist eine
Nachtwandlerin auf der Suche nach
einäugigen Schatten, die tagsüber
unter S-Bahn-Brücken kauern und sich
schämen. Natalia Katharina nimmt
sie mit zu sich und geht dann mit
dem ersten Morgenlicht mit ihnen
aus und geht nicht schnell, damit
sie nicht stolpern aus Versehen.
Die ganze Nacht sucht Natalia
Katharina nach ihnen, und findet
sie einmal keinen, klaubt sie einen
Mann vom Wegesrand und schält
ihn im Hotel und läßt ihn liegen
später, läßt ihn weiter durch sein
Leben schrumpeln. Seit einem Monat
schon steh ich in ihren Diensten, oft
begleite ich sie durch die Stadt, an
sonnenlosen Tagen bin ich
trotzdem da. Ihr Lachen ist
wie ein zweites Aug für
mich, wenn Ramon bei unserm
Anblick ruft: Du Hexe! Er bekreuzigt
sich und flüchtet in die Halle. Sie

aber, Natalia Katharina, schlendert
weiter die Bleibtreustraße lang, bis
weit nach Mitternacht, und morgen
darf ein andrer mit.

Der kleine Deutsche

Er ist erst acht, aber er
weiß: Kaugummi vom
Chinamann, den mögen seine
Freunde nicht, der ist aus
Müll, der schmeckt nach Dreck.

Er ist erst acht, aber er
ruft: Paps, komm mit zum
Chinamann und zünd ihm seinen
Laden an, der Mann ist
bös, er ist ein Zeck.

Er ist erst acht, aber er
weiß: Fidschis sind wie
Neger und die machen unser
Land kaputt und nehmen
uns die Mamas weg.

Er ist erst acht, aber er
weiß: Brandstiften ist
nicht erlaubt, man darf nicht einen
Menschen brennen, deshalb
weint er, wie sein Paps.

Er ist erst acht, und sein Paps
hat nichts getan, der
Richter kennt sich aus. – Er ist erst
acht und weiß schon: Staat ist
Staat und Schnaps ist Schnaps.

Er ist erst acht, aber er
schlägt so lang auf die
Sarah ein, bis alles an ihr
bricht und ihre Augen
sich nach innen drehn.

Er ist erst acht, aber er
weiß: Sarah hat sein
Handy geklaut, Sarah und sonst
keiner. Keiner hat was
anderes gesehn.

Er ist erst acht, und seine
Ma ackert dreizehn
Stunden durch fürn Lumpenlohn und
abends ist sie alle
und kann nicht mehr stehn.

Er ist erst acht, aber er
kauft Essen ein und
Trinken und zum Knabbern was fürs
Wochenend. Er ist erst
acht, er hängt nicht rum.

Er hört seinen Freunden zu,
seinem Paps, seiner
Ma und manchmal nachts im Fernsehn
einem Blödmann, und er
wird davon ganz dumm.

Und irgendwas stimmt nicht und
irgendjemand ist
falsch hier. Doch er ist erst acht, und
Fidschis machen Dreck und
Neger müssen weg.

Letzte Fantasie

Der Glückliche, so hieß er und wars, wie
es schien. Er spülte Geschirr mit seinem
Freund, sie stellten die Teller ordentlich,
ordneten Messer, Gabel, das Kleinzeug,
verließen heiter die Küche, trugen
heimlich sechs Messer, es war jetzt so weit.
Das sind so die Sachen, schauen ist schwer
von der Finsternis abwärts,
das Menschenmögliche ists und nicht mehr
vorm Haus, auf der Haut und im Herz.

Der Glückliche, so hieß er und ging, wenn
ein anderer fiel, nicht vorbei, sondern
streckte ihm hin seine Hand, half ihm auf
in der Gegenwart von Blödianen
auf dem Schulhof, sonstwo unter Glotzern,
für niemand schämte er sich, wie es hieß.
Das sind so die Sachen, schauen ist schwer
von der Finsternis abwärts,
das Menschenmögliche ists und nicht mehr
vorm Haus, auf der Haut und im Herz.

Seine Mutter, sein Vater, sie lehrten
ihn, Nachbarn zu grüßen, seine Schwester
zu trösten, sie brachten ihm bei, was zum
Anstand gehört, und sein Benehmen war
unauffällig und gut, nicht auffallend
unauffällig, nur gut, er war siebzehn.
Das sind so die Sachen, schauen ist schwer
von der Finsternis abwärts,
das Menschenmögliche ists und nicht mehr
vorm Haus, auf der Haut und im Herz.

Polizist wollte er werden, manchmal
sprang ihn das Elend an, ein Monster, ein
außerirdischer Krieger, der alles
vernichtet, das ließ er nicht zu, so feig
wie sein Vater, ein peinlicher Gandhi
für Asis, so einer wird er niemals.
Das sind so die Sachen, schauen ist schwer
von der Finsternis abwärts,
das Menschenmögliche ists und nicht mehr
vorm Haus, auf der Haut und im Herz.

Er hat einen Freund, sein Name: Ramon.
Der sitzt oft nur stumm auf der Kante des
Betts und feuert aus dem Hintergrund mit
hackendem Nicken seinen Kumpel an,
wer Angst hat, verreckt, aber Felix, der
Glückliche, siegt, sein Haß ist genial.
Das sind so die Sachen, schauen ist schwer
von der Finsternis abwärts,
das Menschenmögliche ists und nicht mehr
vorm Haus, auf der Haut und im Herz.

Januar, kein Schnee, ein Backsteinhaus, ein
Mann, die Stille, Sonntag, samtner Morgen
und: die Straße runter, Nummer zweiund
zwanzig, da stehn die Leute, wispern, als er
näherkommt, er fragt, was ist, sie sagen:
zwei Jungen, siebzehn, beide ausm Dorf,
in seinem Kopf schlägt etwas ein, Fäuste,
Hagelschloße, außerirdisch, Hunde
heulen, der Himmel ein Lumpen, mit dem
der Schöpfer sein Gesicht bedeckt und schnieft.

Heul doch, du Hund!, und er, auf einmal, glaubt,
ein Herrgott wär da, so einer aus der
Kindheit, als er kniete und Gebete
ins gebenedeite Antlitz einer Jungfrau
brummte, in Gedanken an die Jungfrau
Evelin, die ihn mit siebzehn ranließ.
So einer und sein Sohn. Sein Sohn ist da,
der andre ein Gespinst, das keiner braucht.
Er steht allein auf der Terrasse, es
ist Sonntag, wie vorher, bloß ohne Welt.

Felix, er klingelte an der Tür, und
Ramon stand hinter ihm, schräg, zwei
Messer im Gürtel, und nickte, nickte
noch immer, als Felix dem störrischen
Nachbarn befal: Auf die Knie, du Müll!
Das sind so die Sachen, schauen ist schwer
von der Finsternis abwärts,
das Menschenmögliche ists und nicht mehr
vorm Haus, auf der Haut und im Herz.

Und oben die Frau, und der Sohn, er ist
siebzehn, er verriegelt die Tür, seine
Mutter, sie schreit, ihr Schreien, es dauert
zweiundsechzig Stiche lang, so oft hebt
Felix den Arm. Und am End und am End,
am endlichen End ist alles schneestill.
Das sind so die Sachen, schauen ist schwer
von der Finsternis abwärts,
das Menschenmögliche ists und nicht mehr
vorm Haus, auf der Haut und im Herz.

Und draußen im Schuppen liegt gefesselt
ein Mädchen, das ist ihre Geisel, ein
Held steht vor ihr, siehst du mich? sagt er, das
Messer am Scheitel der Frau. Ja, sagt das
Mädchen, was hast du getan? Und er, mit
letzter Fantasie, zersplittert den Kopf.
Das sind so die Sachen, schauen ist schwer
von der Finsternis abwärts,
das Menschenmögliche ists und nicht mehr
vorm Haus, auf der Haut und im Herz.

Später im Auto, Japan ist ihr Ziel,
berühren seine blutigen Hände
ihr Haar, und sein Mund sagt: ich lieb dich so.
Sie reibt die Beine aneinander und
sagt ungeniert: ich muß dringend aufs Klo.
Da wirft er sie raus, ohne ein Wort, und
das Messer hinterher. Er dreht sich um
zu Ramon und sagt: laß uns gehn, mein Freund.

Und er geht die Finsternis abwärts.
Und den Leuten fällt das Schauen schwer.
Sie begreifen das Menschenmögliche nicht mehr
vorm Haus, auf der Haut und im Herz.

(Final Fantasy: ein Computerspiel)

Der Torwart lebt, Kojoten

Wenn ihr mich heute seht in
kurzen Hosen – wen seht
ihr? Den Jungen, den
Kuckuck, der euch aus
dem Nest fiel neunzehn
vierundsiebzig oder schon
viel früher? Pünktlich zu
meiner Geburt nahm die
Wöchnerin die Lebensschnur
und schnitt sie durch mit
mir als Schere. Solche
werden später Torwart, tauchen,
jenseits allem Abseits, ins
Unhaltbare. Überstehn
bedeutet ihnen nichts, Siegen
ist es, was sie treibt, ablesbare
Zahlen vor Tausenden auf
einer Leinwand, wo der
Mitschnitt ihres
Lebens läuft, ihres
abgeschnittnen
Lebens.

Wenn ihr mich heute seht in
kurzen Hosen – erkennt ihr
mein Gebein? Ich wurde
abgefieselt von Kojoten, die
das Moor bevölkerten und
guten Männern Sabber
liehn, wenn sie nach getanem
Tagwerk auf den Feldern, in

den Ställen oder Sägewerken
ausgedörrt nach Frauen, Töchtern,
Hunden lechzten. Die Kojoten,
Wächter unsrer Stubenwelt, fraßen,
jahrelang bejubelt, meine
Kindheit auf. Erbrachen das
Gewölle, meine Träume, und
rissen mir aus Wut und weil
es ihrer Art entspricht, die
Fersen ab. Ich wurde trotzdem
Torwart, und ich hielt die
Unhaltbaren auch. Die draußen
hockten, wollten mich verrecken
sehn. Ich trat den letzten
Stürmer um, spuckte auf den
Acker, und bevor sie meinen
Namen brüllten, brach
die Nacht an, und ich ging
davon. Ein Teelicht hätt ich
werden sollen, und ich wurde
Flutlicht. Wenn sie heut im
Finstern heulen, eß ich mich an
meinen Träumen satt. Ich esse mich
an Träumen satt.

Bob, Steve, Holder & Link

Jetzt wird der Himmel gelb. Unds
Zimmerbier ist aus, ist weg, ist
in der Gegend, wo es hingehört. Und
jetzt? Manchester neunzehnsechsund
sechzig, und er singt wie niemand singt
vom Draußtsein. Der Ichbin ist komplett
ein Stein von innen bis nach außen. Gelb
und gelber. Bin ich blind vom Rest vom
Bier? Und warum sagt er Danke und hieß
vorher Judas? Da war er jung und schnell
vergeßlich und die Zeit, die hatte keinen
Himmel. Wo nehm ich, wenns noch gelber
wird, das Bier, die Blume her? Wo nehm
ich her die nächste Halbe von meim Leben,
wo den Sonnenschirm für mein Gebräu? Im
Schatten sitz ich, tröst mein Bier: kein Tropfn
Schweiß verwässerts, und wenns klirrt wo,
sinds drei Fahnen aus gemochten Mündern.
Nenn mich Sebastian, wie in dem Lied, das
keiner kaufte außer ich, ja mir, Jahrtausendkopf,
ich weiß. Was mir am Arsch vorbeigeht, damals
schon, wie dir nicht dieser Wagen. Man fährt nicht,
wenn man fliegen kann, Motorrad. Man fährt
nicht, wenn man fliegen kann, Motorrad. Man
fährt nicht, wenn man fliegen kann, Motorrad.
Jetzt ist der Himmel pimmelrot und ich steh
kalt im Wind, von Küsten trunken, an denen ich
gleich Segel setz. So voll von wilden Rossen
hängt meine Birne in den Kochelsee, aus dem
ich stamm, genüchtert nie, statt heilig nur
katholisch, ein Schwan mit z, weil jeder braucht

was, das ihn stützt. Jetzt lauf ich los und überleb
statt du die ganze Nacht und nur mein Schatten
weiß, wozu.

(in memoriam H. L.)

Am Wiesenrand

Im Flur riecht es nach Wäsche. Eine
alte Frau besprenkelt sie und bügelt
dann. Früher war sie dick, im Haus am
Wiesenrand, dem Bahnhof gegenüber. Keins
der Kinder, die sie fütterte dazwischen,
prügelte, wuchs krumm heran, nicht eins, sie
schälten sich, erwachsen, aus dem Dampf,
verließen die beschlagnen Fenster, eröffneten
Geschäfte, flogen, surften, stauten Mut
in sich. Und schrieben Karten: Alles
paradiesisch! Manchmal explodierten
sie, verbrannten, wurden Geiseln und
erschossen. Oder freigekauft. Und kehrten,
exklusiv beobachtet, zur Alten in die Küche
heim, die mittlerweile Weltmacht war:
Kabelanschluss, Boiler, digitale Wecker.

Hier, sagt eine muntre Sprecherin, sang
das Opfer viel, genoss es Liebe, Schutz und
Friedrichkeit. Sie meinte Friedlichkeit, das
Ell zerschellte an ihrem Gaumen, wie
Wochen später, sonntags, blauumrankt, die
Cessna des im Flurgeruch behüteten, zu
jeder Stund gestreichelten, so jung
verschiednen Doppelopfers.

Und während viele weinen gleich beim
Abendbrot, versteht die magre Frau den
Wunsch des Wassers nach Gekräusel, schaltet
die Geräte ab, saugt Stille ein, schminkt
sich und stirbt so unauffällig wie ein Vogel.

Was heut geschieht

Wie alt warst du, als
du den ersten Vers
schriebst, wie Narziß ihn
ansahst und ihn wolltest?
Als du nichts als Echo warst im
Wald der aufgebahrten Engel: einen
mußtest du erwecken, einer nahm für
dich die Zeit zurück in
sich und starb und wurde
sichtbar. Deine Stimme trug
er auf der Haut. Mit scheuem
Mund hast du vor ihm
gekniet, verzagt wie je all
jene vor dem Kuß zum einen,
vom Großen Rat am Rand des
Lichts beschlossnen Leben. Nur
ein Mund erkennts, ein
einziger. Dein Zögern nichts als
Demut. Du wußtest schon: der
Engel Ich ist dieser.

Wie alt warst du, als
du den zweiten Vers
schriebst und schon nicht mehr
neu warst auf der Lichtung?
Als du sahst: dein Gehen durch die
Stadt der somnambulen Hunde schreckt im
Hinterhof die Schläfer auf, die krummen
Mörder, Weggefährten,
die seit je sich Wege
liehn von dir, und Schritte auch

und Zungensalz, sie putzten
dir den Schatten zum
Geburtstag, schmückten dich und
barsten vor Gewalt und Lüge.
Mit unbedingtem Atem
gingst du weiter. Drüben im
Dunkeln steht manchmal
einer, der dir winkt, er kennt dich
nicht, er bewundert deine
Wunden, wie sie glühen.

Wie alt warst du, als
dir das Liebesein
glückte, das Tun von
etwas, das noch niemand
einen andern lehrte? Was du
schafftest unverhofft: du konntst es
später schreiben, sagbar ist das Eine
nie. Das war für dich, den
vom Erinnern an ein
großes Sprechen, Psalme und
Gesang Ernährten, beinah
Strafe, beinah wie
Entzug. Du gabst dein Laut-Sein
auf für eine Überdosis.
Und wurdest endlich Wort vom
Wort, berührbar, heiter wie
Menschen, die spielend
andre sind. Du leihst dich aus an
viele, sie mimen dich und
du – soufflierst den Göttern.

So nah am Urwerk
bist du, scheints, und bist
schon wieder voll von
lohem Rüstzeug. Anders
auch gelänge dir das Buch, die
Form der grad erfundnen Flamme nicht, die
Prosa, dieses Unding, das im Innern
alles weiß und alles
war seit Schriftbeginn. Die
Listenreichen brauchen dich
nicht sehr, sie brauchen dich nach
Laune: wenn sie dir
Exil versprechen, mußt du
sprechen ganz wie sie. Blindlings wärst
du nichts als Echos Echo,
Nymphenspott, Gelächter im
Park. Aber du – du
hast dein Schweigen gut geschmiedet.
Heute erhörst du deinen
Engel: dich, den Dichter.

(für A. O.)

Jannis Ritsos

Meine Blicke sind hell geworden vom
Springen über die Hügel der Verse, meine
in Lichteile springenden Blicke in der
Dämmerung der Buchstaben, angetrieben
von Augen, die tagelang das Schneefeld
hüteten.

Meine in Lichteile springenden
Gedanken weideten hungrig wie die
Tiere des betrunkenen Schäfers, der an
Steinhängen schlief mit seinem einäugigen
Hund.

An diesem Morgen, bevor der
Wind zu blättern begann in den frischen
Platanen, an diesem Morgen sind
meine Blicke ausgerissen auf der
Suche nach Kali. Nach Kali und Leni
und Jannis, der in den Wörtern grub, bis
er die kleine Quelle fand, die er sogleich
versiegelte mit Schweigen.

Später holte er das Feuer
aus der Quelle und zündete die Lieder
an, mit denen seine Leute durch
die Straßen zogen, durch die
Zimmer der Mütter. Die gerahmten
Gesichter neigten sich vor für
Sekunden, nicht länger, denn sie
trauten den Straßen nicht, den
Zimmern, den Liedern, denn sie
hatten lesen gelernt auf der Schiefertafel
des Todes.

Das weiß niemand, was diese
Schrift bedeutet, nur Jannis, den der Tod
geholt und dann vergessen hat in seiner
Gier, in seiner Wut, in seinem Hochmut
übersehen, den Gefangenen, gekrümmt
von Furcht, gekrümmt vom Lachen der
Wächter. Gekrümmt wie der Rücken
der Erde, der verkrüppelten Erde.
Und wie die Nacht bleibt, solange
wollte er bleiben im Angesicht
der Angst.

Je kleiner seine Wörter
wurden, krabbelnde Ameisen auf
Zigarettenpapier, je näher sie den
Steinen waren, eherne Zeugen in
Flaschen vergraben, wuchs ein
Wille unsichtbar in ihm und
unsichtbar hinaus durch den
Stacheldraht.

So kamen wenigstens
die Wörter frei, sie brachten nicht nur
Wunden mit auf ihren schmalen
Schultern, sie brachten nicht nur
Knochen, nicht nur Gedärme,
zersprungene Pupillen, nicht nur
Ringe für Finger, nicht nur einen
ledernen Stiefel, sie brachten nicht nur
den Abdruck eines rufenden Mundes
aus Ton.

Die Wörter von Jannis
brachten Rosen und Korn in die
Städte zurück, brachten Ähren
ein, die ganze Ernte der Sonne. Die

Wörter trugen die Mähne des
Meeres, Schlick und Algen bis
zum Nabel.
            So begegneten die
Wörter der Welt, stolz und einfach wie
die Hände, die sie schrieben auf
kleinem Papier, auf einem Holzbrett
auf den Knien.
            Von hier aus, von den
Kuppen der Knie brachen die Verse
auf für immer, Gesandte der Gnade auf
dem Weg zu ihren Brüdern,
den Menschen.

In einem Gasthaus

Ich sah einen Buben am
Fuß der Gescheitheit, er
trug ein kariertes Hemd und
maß mit scharfem Blick die
Stuhlbeine, um sie zu
fällen vielleicht, wenn
die Götter die Zeit wieder
dehnten, die Herren
der Hintern, die Düfteverpuffer.

Ich sah einen Buben, der
kauerte ernst zwischen
Lachengewöll, benutztem
Husten, roher Spucke.
Nichts, nicht einmal ein Hund
lockte ihn fort, er
verhörte sein Schweigen: Luft
stauen, solang bis
das Schweigen gestand, was es wußte.

Ich sah einen Buben, der
kannte zuviel von der
Nacht, er atmete Sterne
aus, die Stimmen um ihn
her klangen wie Kratzer
mitten im Weltall.
Er horchte geduldig, voll
Anmut, sie lobten
ihn später, gescheit wie sie waren.

Ich sah einen Buben, der
saß auf dem Boden, die
Kellner betraten nicht das
Schnurgebiet der Schuhe.
Er schaute, wenn jemand
von der Toilette
zurückkam, er saß bei den
Türen und tat, als
bewache er heiter sein Leben.

Zwölf Tage im Dezember und eine Nacht

I

Föhn, der Föhn, der die Bäume
verhöhnt, sie zogen sich aus
für ihre Winterbraut, er schmiegt
sich an die erregten Stämme, umschwänzelt
die Äste, wiegt ihre Zweige, verlogen,
eitel, er entblößt sie mehr, als
jeder Wind es wagte. Föhn, der
Föhn kam übernacht mit gewienertem
Himmel. Sogar die Sonne scheint
sich zu schämen unter den
Balkonen gegenüber meinem Zimmer.

II

Regen, abfälliger Regen aus
dem struppigen Katzenhimmel,
schnurrendes Gesträuch. Die
Postbotin, verfrüht, unterm Vordach. Schön
wie Öl schimmert Mimis Fell durchs
rostige Gesträuch. Keine Regung,
keine Amsel, jeder Nachbar meidet
den gelähmten Tag. Verachtung
allerorten. Am geöffneten
Fenster stehe ich noch lang, mit
für die Weite geschliffnen Augen, aber
auch allein und vom Regen gemeint.

III

Chuck, der Chuck wohnt hier
nicht mehr, zieh dich an oder komm
rein. Du lügst, sagt die Frau, die
sich als Postbotin ausgibt, seit
mehr als einem Jahr schon. Und weil
sie dasteht, nackt, das rote Kleid zu
ihren Füßen wie ein verdruckster
Scheiterhaufen, sag ich zu ihr: Chuck hat
nie existiert, er war Wondratscheks
Schatten. Da öffnet sie ihren schwarzen
Rucksack und wirft mir den Schatten vor
die Füße. Er ist genauso nackt wie sie.

IV

Die Postbotin, die Postbotin mit dem
roten Kleid, Wondratscheks Schatten und
ich sitzen auf dem Boden meines
Zimmers und blättern im Laub, das auch
in ihrem Rucksack war, ein Jahr lang
und mehr. Ich schlepp mich bald
zutod, sagt sie, und ich weiß, daß sie
bleiben wird, weil sie glaubt, der
Tod wohnt irgendwo anders, das tut
er ja immer. Ja, sag ich zu ihr und will
das Brot auftauen gehn. Bleib, sagt
sie, siehst du denn nicht: der Schatten, er weint.

v

Weißt du, sagt sie, weißt du, da
war diese Hure, und ich war auch
eine, aber das wußte er nicht, und er
beachtete mich nicht, obwohl ich in
nacktem Zustand … Sei still, sag ich zu
ihr, verschone mich mit sowas, drück
dich aus wie eine Hure, die es
ernst meint. Ich meine es nicht
ernst, sagt sie und schlürft dem Schatten
eine Tränenlache aus der hohlen Hand. Sie
hat Durst und sonst nichts. Du bist keine
Hure, sag ich, du bist bloß nackt und alt.

vi

Im Dunkeln, kurz nach sechs im
Dunkeln, packte die Postbotin ihren
Rucksack und warf sich den Mantel
über und ging und war fort. Und ich
hinkte von Wand zu Wand, denn
ich war über das ausgestreckte
Bein des Schattens gestürzt, er hatte
nicht mal den Kopf gehoben. Drüben
brennt ein runder Mond hinter einer
Straßenlampe. Lauter Gerettete, scheint
mir, wohnen neuerdings in den Häusern
ringsum. Niemand schreit, niemand springt.

VII

Die Fahrräder, die alten Fahrräder waren
leicht zu reparieren, die neuen
vielleicht auch, bloß ich – ich kanns
nicht mehr, ich fahre nicht mal
mehr, ich laufe nebenher. Sie stehen
Rad an Rad im Innenhof, ich seh
sie vom Fenster im Treppenhaus, wo
ich warte Tag für Tag im Dezember, ich
seh auch die mit den roten, gelben
Sätteln, winzig sehen sie aus von hier
oben, praktisch sind sie und
bestimmt für Väter leicht zu reparieren.

VIII

Im Treppenhaus, in meinem unbewohnten
Treppenhaus stehe ich vor der geschlossnen
Lifttür in gestohlnen Schlappen. Wenn ich in
den einundzwanzigsten Stock fahre, kann
ich über die Stadt der somnambulen Hunde
schaun, über die Kräne, die Gehege der
Unterholzbewohner, grünen Stolz. Von
der Towers Lounge im Grand Hotel erscheint
die Stadt sehr menschenleer, sehr
nahbar. Als die Tür sich öfffnet, tritt
mein Nachbar aus dem zweiten Stock im
Morgenmantel, rot steht Hilton drauf, heraus.

IX

Die Langeweile, die ungenügsame Langeweile
beginnt mit dem hinkenden Morgen, wir
führen ein billiges Leben hier, das sind
wir gewohnt, die Mieten zu hoch fürs billige
Leben. Das Klatschen von Wellen gegen
Stege und Steinmauern, ein vorüber
gleitender, schwarz gekleideter Mann vor
dem Fenster eine Erscheinung: lange
waren wir nicht an der Lagune oder
noch nie, wir stellen uns bloß ein volleres
Leben, Bedienstete, eine Bar, ein Gemälde
aus Staunen vor für eine Monatsmiete die Nacht.

X

Die andern, was die andern sich vorstellen, ist
so weit außerhalb meines Zimmers wie der
Dogenpalast oder der Campo San Polo, wo
eine Frau in modelosen Kleidern, glaube
ich, mit einem Karren die schwarzen Müllsäcke
einsammelt, ein Stoffbär, glaube ich, hängt
vorn an ihrem Karren, mit von allen Nebeln
gegerbtem Fell. Da stand ich einmal am Rio
della Madonetta und wußte nicht, wo
ich war und konnte niemanden
fragen. Ich wußte nicht, wo ich war, und
ich war wie noch nie der unverlorenste Mensch.

XI

Das Jahr, hat jemand das Jahr gesehn?
Das um uns huschende Jahr hockt, wie
Mimi, im Gebüsch und schaut unserm
Straucheln zu, so geblümt wir auch
tun und sommerlich rollig, wir
verheddern uns Jahr um Jahr in den
popeligen Kostümen, in denen wir
altern, weil wir sonst nichts können. Unsterblich
ins Altern vernarrt, tänzeln wir durch
Innenhöfe, sagen Text auf, und alles an
Applaus ist das Miauen einer unsichtbaren Katze.

XII

Erlösung, hoffen wir auf Erlösung an
diesem Sonnabend, am vorletzten
Sonnabend im Dezember? Wir ist keine
Welt mehr, ich bins allein vor dem
polierten Dreieck zur Welt. Und die
Sonne heut morgen: Klettermax am Haus
auf der anderen Seite. Da schau ich hin, weil
mein Schauen sonst arbeitslos wär so
kurz vorm Ende des Jahres. Und ich wollte
noch Dinge tun, ich wollte mich steigen
lassen wie einen Drachen in selbstgezimmerten
Winden. Ich geh durch mein Zimmer, ich gehe.

Nacht

In den Tag, ich lebe in den Tag
hinein, ich verreise zur Tür hinaus ins
Treppenhaus, geb den gelben Wänden
Trinkgeld, speise im Ballsaal des
Aufzugs. Schein um Schein bezahle ich
mein unaufwendig aufwendiges Leben. Das
ist das Leben, das mir zusteht. Bis nach
Mitternacht lehn ich an der Bar, bestell,
und wenn der Barmann, um zu rauchen, auf
die Terrasse geht, hör ich einen
Moment lang Gesang oder Glocken oder
ein Lachen. Daheim lacht niemand um
die Zeit. Ich aber lebe, lebe in den Tag hinein.

Inhalt

iv Zwölf Tage im Dezember